La Seconde Guerre mondiale

Texte de Stéphanie Ledu
Illustrations de Cléo Germain

MiLAN

Dans les années 1930, plusieurs grands pays sont dirigés par un **dictateur**, un chef tout-puissant qui élimine ceux qui s'opposent à lui. C'est le cas en Italie, en Espagne, en Union soviétique…

... et en Allemagne. **Adolf Hitler**, au pouvoir avec son **parti nazi**, ne supporte pas que son pays ait perdu la Première Guerre mondiale. Il veut prendre sa revanche et dominer l'Europe !

Le 1ᵉʳ septembre 1939, les armées d'Hitler envahissent la Pologne.
En réaction, la France et le Royaume-Uni déclarent la guerre à l'Allemagne.

Pendant 9 mois, les armées ne bougent pas. Mais soudain, en mai 1940, cette **drôle de guerre** prend fin. Les Allemands attaquent les Pays-Bas, la Belgique, le Luxembourg…

Quand ils entrent dans le nord de la France, les gens, terrorisés, fuient par milliers sur les routes : c'est l'**exode**.

« C'est fini, la guerre est perdue ! » C'est ce que croit le **maréchal Pétain**, un héros de la Première Guerre mondiale appelé à la tête des Français.

En signant l'**armistice**, il reconnaît que l'Allemagne a gagné.

D'autres refusent la défaite, comme le **général de Gaulle**. Il se réfugie à Londres et lance un appel à la radio : « La France a perdu une bataille, mais pas la guerre ! »

Il demande à tous ceux qui veulent continuer à lutter contre Hitler de le rejoindre.

Après la capitulation, la France est divisée en deux. Dans la moitié nord se trouve la **zone occupée**, où sont basées des troupes allemandes.

Dans le Sud se trouve la **zone libre**, où le gouvernement du maréchal Pétain s'est installé.

Une frontière sépare les deux zones : c'est la **ligne de démarcation**, très surveillée par les soldats allemands. « *Halt ! Ausweis !* Montrez votre laissez-passer ! »

Récoltes, nourriture, charbon, essence, chevaux, véhicules, tout ce qui est utile est confisqué par l'**occupant**.

Les Français ont froid et faim. Ils reçoivent des **tickets de rationnement**, qui indiquent ce qu'ils ont le droit d'acheter.
Mais après des heures de queue, hélas, les magasins sont souvent vides.

Très autoritaire, le **régime de Pétain** exige que les gens collaborent avec les Allemands. Il fait de la **propagande** jusque dans les écoles : le matin, les enfants doivent chanter un hymne à la gloire du maréchal !

Un seul pays résiste encore : le Royaume-Uni, dirigé par son Premier ministre, **Winston Churchill**. Hitler veut y débarquer après avoir bombardé Londres et les grandes villes.

Mais de puissants radars repèrent les avions ennemis, et les canons antiaériens entrent en action. Les pilotes britanniques décollent pour combattre en plein ciel !

Malgré les victimes et les dégâts, les Britanniques remportent la bataille d'Angleterre. Hitler doit renoncer à envahir le pays.

Dans les pays occupés, des gens luttent en secret contre les Allemands. Les **résistants** récoltent des renseignements, impriment des affiches pour dénoncer les idées nazies...

La radio britannique diffuse des **messages codés** destinés à ces combattants de l'ombre.

« L'angora a les poils longs » signifie par exemple que des armes seront parachutées la nuit suivante !

Parfois, les résistants **sabotent** une voie de chemin de fer ou un pont. Mais attention à ne pas être pris ou dénoncé par un **collaborateur**, au risque d'être fusillé...

L'Allemagne attaque l'Union soviétique : elle veut conquérir cet immense territoire.

Les Japonais, eux aussi, veulent étendre leur empire. Pour chasser les États-Unis de l'océan Pacifique, ils bombardent par surprise la base militaire américaine de Pearl Harbor. Un peu partout dans le monde, on se bat !

D'horribles choses ont lieu pendant la Seconde Guerre mondiale. Hitler est **raciste** : il pense que certaines personnes sont inférieures aux autres et ne méritent pas de vivre. Il imagine la monstrueuse **solution finale**.

Partout en Europe, les Juifs, les Tziganes, les handicapés, les opposants politiques... sont arrêtés et déportés en train vers des **camps** de concentration ou d'extermination. Ils travaillent jusqu'à la mort, ou sont assassinés.

Le régime nazi fait plus de 6 millions de victimes.

Pendant l'année 1942, la victoire change de camp !

La **bataille de Stalingrad**, où de terribles combats de rue se déroulent pendant 6 mois, est remportée par les Soviétiques.

En Égypte, les Britanniques forcent les Allemands et leurs alliés italiens à se replier.

En représailles, les Allemands envahissent le sud de la France. Fin de la zone libre !

Les Américains battent les Japonais dans le Pacifique, sur l'île de Guadalcanal.

Pour rendre tout ça possible, les usines d'armement tournent à plein régime. Les femmes y travaillent !

Depuis 2 ans, les **Alliés** préparent un grand débarquement sur les côtes françaises. L'**opération *Overlord*** est lancée le 6 juin 1944.

À l'aube du jour J, 150 000 soldats accostent sur 5 plages de **Normandie**. Les combats font rage, mais se terminent par un succès !

Ville après ville, en livrant bataille, les Alliés **libèrent** la France.
Le 19 août, ils entrent dans Paris.
De leur côté, les Soviétiques libèrent la Pologne, les pays d'Europe de l'Est…

En avril 1945, ils prennent Berlin. Hitler est vaincu !

Les Japonais, eux, ne veulent pas se rendre. Les Américains font alors exploser une **bombe atomique** sur Hiroshima, puis une autre sur Nagasaki. En quelques secondes, elles détruisent tout et font plus de 200 000 victimes…

Le Japon **capitule** : la guerre est finie.

Au lendemain de la guerre, l'Europe est en **ruines**.
Il faut tout reconstruire...

En 1945, les vainqueurs se réunissent et signent des **accords** pour sauvegarder la paix dans le monde.

Mais, très vite, le monde est partagé entre deux blocs aux idées opposées. Les États communistes et les États-Unis se font la **guerre froide**. On a souvent peur qu'une **guerre atomique** éclate. Demande à tes grands-parents : ils s'en souviennent !

Les Juifs rescapés de la guerre sont partis par milliers vers la **Palestine**. En 1948, l'État d'**Israël** est créé. Cela fait naître des conflits avec la population arabe qui était là avant. Et le problème dure toujours...

Découvre tous les titres de la collection

Mes P'tits DOCS

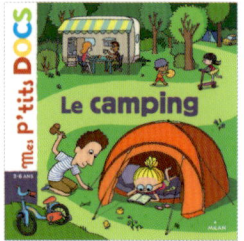
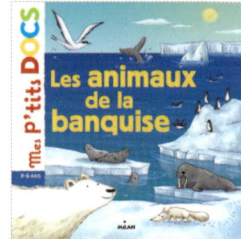
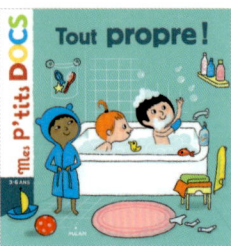
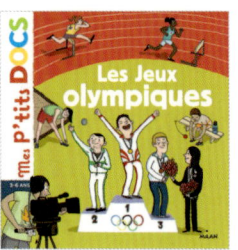

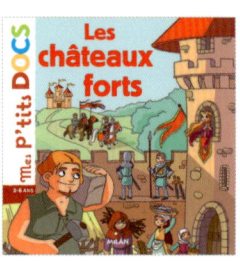
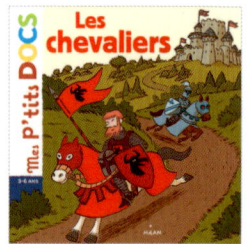
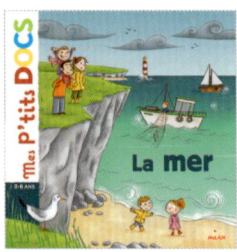

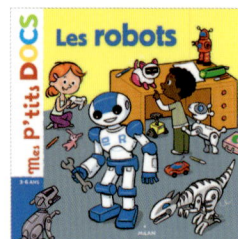

- À table !
- Au bureau
- Les bateaux
- Le bébé
- Le bricolage
- Les camions
- Les chiens
- Chez le coiffeur
- Le cinéma
- Les Cro-Magnon
- Les dauphins
- Les dents
- Les dinosaures
- L'école maternelle
- L'espace
- La ferme
- La fête foraine
- Le football
- Les fourmis
- Les grands-parents
- Le handicap
- L'hôpital
- Les Indiens
- Le jardin
- La Lune
- Les lunettes
- La musique
- La nuit
- Le pain
- La pâtisserie
- Les policiers
- Les pompiers
- Les poupées
- Les tracteurs
- Les trains
- Le vélo
- Versailles
- Les voitures
- Les volcans
- Voyage en avion
- Le zoo